# Einsterns Schwester

## 2

**Themenheft 1**

Sprache untersuchen

Herausgegeben und
erarbeitet von
Roland Bauer, Jutta Maurach

Cornelsen

# Inhaltsverzeichnis

Ich bin Lola
und ich helfe dir.

## So kannst du mit den Heften arbeiten

Du machst alle
Seiten der Lernportion **1**.

| Zuerst im grünen Heft. | Dann im roten Heft. | Dann im gelben Heft. | Und dann im blauen Heft. |

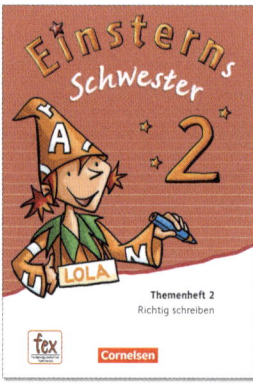

Danach machst du in
allen Heften die Lernportion **2**.

Nun machst du in
allen Heften die Lernportion **3**.

Genauso bearbeitest du
alle anderen Lernportionen.

# 1 Vornamen ordnen

**1** Lege in deinem Heft eine Tabelle an.
Trage die Namen der Kinder ein.
Ordne nach Mädchennamen
und Jungennamen. Unterstreiche
die großen Anfangsbuchstaben.

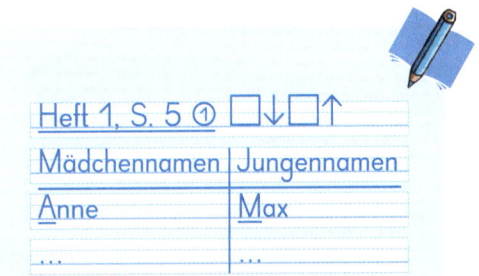

| Heft 1, S. 5 ① ☐↓☐↑ | |
|---|---|
| Mädchennamen | Jungennamen |
| Anne | Max |
| ... | ... |

**2**

Wir ordnen die Namen anders.

**1** Wörter für Menschen sind **Nomen**.
Nomen schreibe ich groß:
die Mama, der Nachbar, das Kind.

**2** Finde zu den Personen die passenden Nomen
für Verwandte. Schreibe die Nomen auf.
Unterstreiche die großen Anfangsbuchstaben.

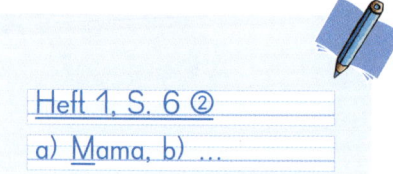

Heft 1, S. 6 ②
a) Mama, b) ...

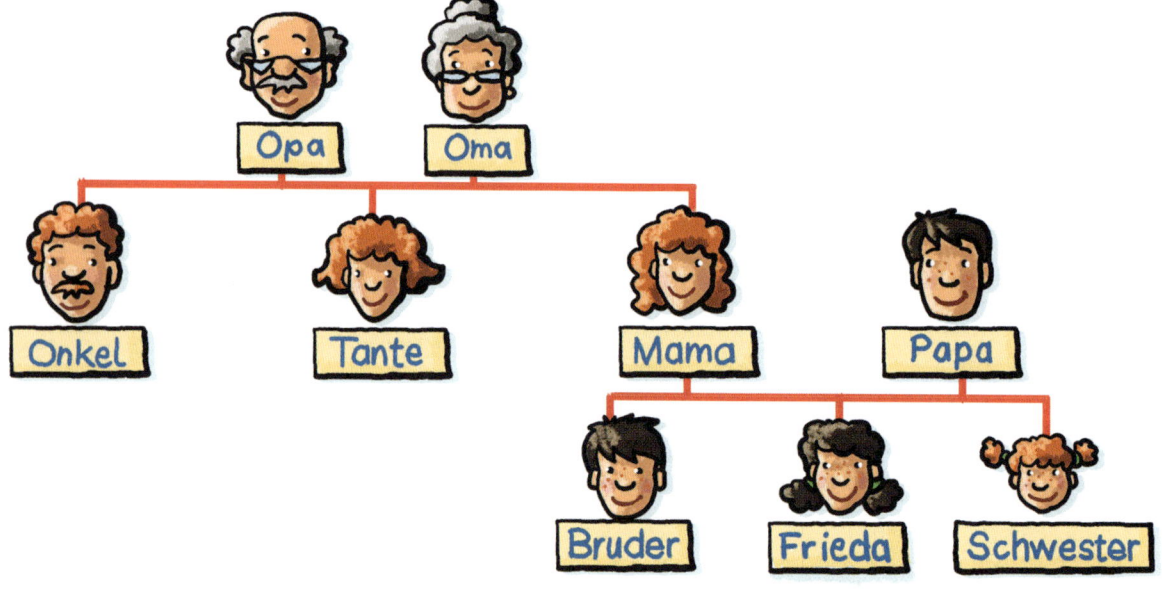

**3** Finde zu der Regel von **1** weitere Beispiele.
Unterstreiche die großen Anfangsbuchstaben.

Heft 1, S. 6 ③

...

# 1 Nomen für Menschen schreiben

**1** Ordne jedem Bild das passende Nomen zu.
Unterstreiche die großen Anfangsbuchstaben.

| die Pilotin | die Verkäuferin | der Frisör |

| der Bäcker | die Ärztin | der Koch |

| der Lehrer | der Bauer | die Busfahrerin |

Heft 1, S. 7 ①
a) der Bauer
b) die Verkäuferin
...

a)

b)

c)

d)

e)

f)

g)

h)

i)

**2** Finde noch andere Berufe.
Ergänze die Liste.

Heft 1, S. 7 ②
...

Und was willst du später mal werden?

**1** 

Wörter für Tiere sind **Nomen**.
Nomen schreibe ich groß:
die Ameise, der Fisch, das Zebra.

**2** Finde die passenden Silben.
Schreibe die Nomen in dein Heft.
Unterstreiche die großen Anfangsbuchstaben.

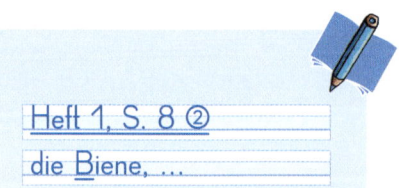

Heft 1, S. 8 ②

die Biene, …

| Bie | Vo | Af |
|-----|-----|-----|
| fe | ne | gel |

| Ze | Ha | Lö |
|-----|-----|-----|
| se | we | bra |

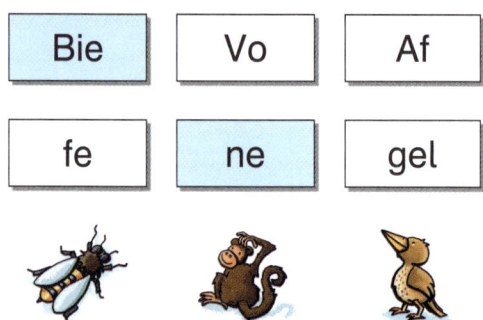
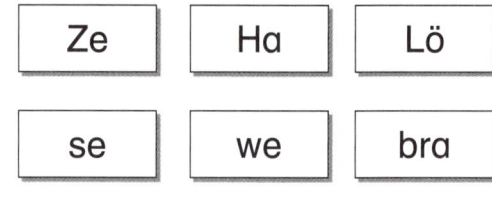

**3** In der Wortschlange verstecken sich sechs Tiere.
Schreibe die Tiernamen auf.
Unterstreiche die großen Anfangsbuchstaben.

Heft 1, S. 8 ③

die Ameise, …

A M E I S E | K A T Z E K U H S C H L A N G E F I S C H G A N S

 **4**

Hase

# 1 Nomen für Tiere schreiben

**1** Schreibe alle Nomen für Tiere auf.
Unterstreiche die großen Anfangsbuchstaben.

Heft 1, S. 9 ①
die Ameise, …

**2** Lies die Sätze. Schreibe zu jedem Satz
das fehlende Nomen für das Tier auf.

Heft 1, S. 9 ②
a) die Katze, b) …

a) Die ☐ jagt Mäuse.

b) Der ☐ hat lange Ohren.

c) Der ☐ schwimmt im Wasser.

d) Der ☐ hat eine Mähne.

e) Das ☐ hat schwarze und weiße Streifen.

f) Der ☐ hat einen Schnabel.

**3**

# Nomen für Pflanzen kennenlernen

**1** Wörter für Pflanzen sind **Nomen**.
Nomen schreibe ich groß:
die Rose, der Apfelbaum, das Gras.

**2** Ordne jedem Bild das passende Nomen zu.
Unterstreiche die großen Anfangsbuchstaben.

Heft 1, S. 10 ②
a) die Tulpe, b) …

| das Gänseblümchen | die Rose | der Tannenbaum | der Birnbaum |

| die Tulpe | der Apfelbaum | der Löwenzahn | der Kastanienbaum |

a)    b)    c)    d)

e)    f)    g)    h)

**3** Schreibe einen Text zum Bild.
Unterstreiche die Nomen.

Heft 1, S. 10 ③
Im Garten …

# 1  Nomen für Dinge kennenlernen

**1** Wörter für Dinge sind **Nomen**.
Nomen schreibe ich groß:
die **B**utter, der **K**äse, das **M**esser.

Tafel, Kreide, Schwamm: Das sind auch alles Nomen für Dinge.

**2** Lege in deinem Heft eine Tabelle an.
Trage die Nomen für Dinge ein. Ordne
nach Lebensmitteln und Gegenständen.

Heft 1, S. 11 ② ☐↓☐↑

| Lebensmittel | Gegenstände |
|---|---|
| die Milch | die Tasse |
| ... | ... |

die Milch   die Wurst   die Tasse

der Löffel   der Saft   der Stuhl

das Messer   die Butter   der Kuchen   der Teller   die Torte

der Tisch   der Käse   die Gabel   das Brot   das Glas

**3** 

Ich decke den Tisch und bringe die Teller.

Ich decke den Tisch und bringe die Teller und die Messer.

Ich decke den Tisch und bringe die Teller, die Messer und das Brot.

**1** In jedem Rahmen sind
zwei Nomen für Dinge versteckt.
Schreibe die Nomen auf.

a) **Dinge im Kinderzimmer**

M B P U P P E A F L I N R A U T O E

F B A L L I N P A S N M U R M E L B

_Heft 1, S. 12 ①_
_a) Puppe, ..._
_..._
_b) ..._
_..._
_c) ..._
_..._

b) **Dinge im Schulranzen**

R N H E F T A E T O R D N E R E O

N F T S T I F T F A R A D I E R E R

c) **Dinge im Kleiderschrank**

S K L E I D F T N A M M A N T E L O

A H O S E D F G I K S O C K E N O

**2** **Dinge in der Wohnung**

# 1 Nomen erkennen

**1** In jeder Reihe sind zwei Nomen.
Finde sie und schreibe die Nomen auf.

Heft 1, S. 13 ①
Gärtner, …
…
…
…

| | | |
|---|---|---|
| Gärtner | schneiden | Oma |
| ✂ | 🌷 | 🔴 |
| GABEL | VOGEL | STECHEN |
| 🦓 | SCHÖN | Baum |
| BÄCKER | 🪑 | schnell |

**2** Erkläre einem Partnerkind, wie du bei **1** vorgegangen bist.

 **3**

Schmetterling

Tier

Mensch   Pflanze   Ding

**1** Nomen haben **bestimmte Artikel**:
**der** Traktor, **die** Kutsche, **das** Schiff.

Ich wiederhole
die Regel mit eigenen
Worten.

**2** Schreibe zu jedem Bild
das passende Nomen mit Artikel.
Unterstreiche die bestimmten Artikel.

Heft 1, S. 14 ②
a) der Traktor,
b) das ...
c) ...

| die Kutsche | der Traktor | das Flugzeug |

| das Auto | der Bagger | die Bahn |

a)

b)

c)

d)

e)

f)

**3**

# 2. Bestimmte Artikel und Nomen zuordnen

**1** Gestalte ein Plakat.

**a)** Ordne die Nomen
nach ihrem bestimmten Artikel.

| Elefant | Katze | Pferd | Rüssel |

| Milch | Tatze | Zahn | Hummel |

| Ohr | Schwanz | Fell | Bein |

**b)** Ergänze die Tabelle. Finde zu jedem Artikel weitere Nomen.
Die Wörterliste hilft dir dabei.

**2** Ergänze in jedem Satz
das passende Nomen mit Artikel.
Schreibe die Sätze auf und
unterstreiche die bestimmten Artikel.

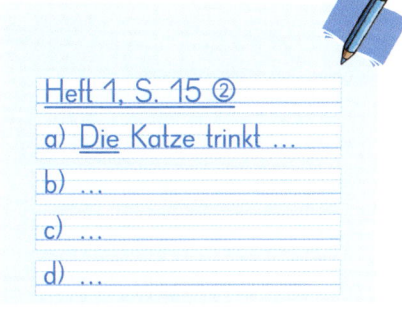

Heft 1, S. 15 ②
a) Die Katze trinkt ...
b) ...
c) ...
d) ...

| Katze | Pferd | Hummel | Elefant |

**a)** ▢▢ trinkt gerne Milch.

**b)** Mit seinem Rüssel trompetet ▢▢ .

**c)** Wenn sie fliegt, brummt ▢▢ .

**d)** ▢▢ braucht vier Hufeisen.

## 2. Unbestimmte Artikel kennenlernen

**1** Nomen haben auch **unbestimmte Artikel**:
**ein** Messer, **eine** Gabel.

**2** Lege im Heft eine Tabelle für die
unbestimmten Artikel **ein** und **eine** an.
Ordne die Nomen zu.

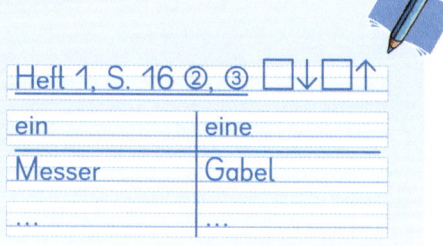

| Heft 1, S. 16 ②, ③ □↓□↑ | |
|---|---|
| ein | eine |
| Messer | Gabel |
| ... | ... |

| Messer | Gabel | Reibe | Deckel |
| --- | --- | --- | --- |

| Löffel | Schüssel | Teller | Sieb |
| --- | --- | --- | --- |

| Pfanne | Tasse | Brett | Kuchenform |
| --- | --- | --- | --- |

| Becher | Topf | Glas | Schneebesen |
| --- | --- | --- | --- |

Ich decke die Tabelle ab und nenne die Nomen auswendig.

**3** Welche Dinge siehst du in der Spülmaschine?
Kreise die Nomen in deiner Tabelle ein.

# 2. Bestimmte und unbestimmte Artikel einsetzen

**1**

der Stift

ein Stift

**2** Lies den Text einem Partnerkind vor.
Ergänze passend die Artikel **der**, **die** oder **das**.

Um 7 Uhr läutet ___ Wecker.
Lisa steht auf.
Sie geht in ___ Badezimmer,
dann in ___ Küche.
Mutter hat ___ Frühstück schon vorbereitet.
Lisa holt noch ___ Marmelade.
Nach dem Frühstück fällt ihr ein,
dass ___ Schulranzen noch nicht gepackt ist.
Jetzt aber schnell!
Bald fängt ___ Schule an.
Ob Lisa daran denkt,
___ Turnzeug mitzunehmen?

**3** Löse die Rätsel. Schreibe die Nomen
mit den Artikeln **ein** oder **eine** auf.

Heft 1, S. 17 ③
a) ein Buch
b) ...

a) Es ist dick und hat viele Seiten.

b) Man kann damit schneiden und basteln.

c) Damit kann ich eine gerade Linie zeichnen.

d) Wenn du mit dem Bleistift schreibst, kannst du damit Fehler wegmachen.

**1** Nomen gibt es in der **Einzahl** und in der **Mehrzahl**.
Der bestimmte Artikel von Mehrzahlwörtern ist **die**:
der Arm – **die** Arme, das Bein – **die** Beine.

**2** Ordne Einzahl- und Mehrzahlwörter zu.
Finde Wortpaare aus Einzahl und Mehrzahl.
Es entstehen zwei Lösungswörter.

Heft 1, S. 18 ②
1 – S
2 – E
3 – ...

| 1 der Arm | 2 der Ring | 3 das Bein |
|---|---|---|

| 4 der Kopf | 5 der Strumpf | 6 der Hals | 7 der Schuh |
|---|---|---|---|

| S die Arme | E die Ringe | R die Köpfe |
|---|---|---|

| G die Strümpfe | U die Hälse | H die Beine | T die Schuhe |
|---|---|---|---|

**3** Schreibe zu jedem Bild die Einzahl
und die Mehrzahl auf.
Unterstreiche die Endung **-e**.

Heft 1, S. 18 ③
der Strumpf – die Strümpfe,
...

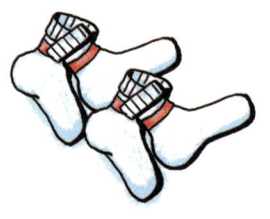

# 3 Mehrzahlwörter mit -n entdecken

**1** Lies den Text einem Partnerkind vor. Welches Bild passt?
Überlegt gemeinsam, woran ihr das erkannt habt.

Zwei Jungen laufen an einem Frühlingstag zum See.

Am Wegrand beobachten sie kleine Schnecken zwischen den Blumen.

Beide Jungen tragen karierte Hosen, Brillen, Mützen und Jacken.

Die Fliegen fliegen, die Wolken spiegeln sich im Wasser und

die Enten schauen die Jungen neugierig an.

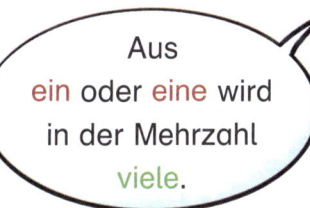

Aus
ein oder eine wird
in der Mehrzahl
viele.

**2** Lege eine Tabelle an.

a) Trage alle zehn Mehrzahlwörter
aus dem Text von **1** ein.
Unterstreiche die Endung **-n**.

Heft 1, S. 19 ② ☐↓☐↑

| Mehrzahl | Einzahl |
|---|---|
| viele Jungen | ein Junge |
| viele Schnecken | eine Schnecke |
| ... | ... |

b) Ergänze die Nomen in der Einzahl.

**3** Findest du noch weitere Mehrzahlwörter mit **-n**?
Ergänze die Tabelle.

## Mehrzahlwörter mit -er entdecken

**1** Lies den Text.
Ordne jedem Bild den passenden Satz zu.
Es entsteht ein Lösungswort.
Schreibe es auf.

Heft 1, S. 20 ①
L ...

B Lea hat viele schöne Bilder gemalt.

L Lea hat ein schönes Bild gemalt.

K Mama hat ein neues Kleid gekauft.

O Mama hat zwei neue Kleider gekauft.

P Tim hat ein Buch ausgeliehen.

L Tim hat drei Bücher ausgeliehen.

A Papa hat ein Spiegelei gebraten.

E Papa hat vier Spiegeleier gebraten.

**2** Lege eine Tabelle an.
Ordne die Nomen für Dinge aus **1**.
Unterstreiche die Endung **-er**.

Heft 1, S. 20 ② ☐↓☐↑

| Einzahl | Mehrzahl |
|---------|----------|
| das Bild | die Bilder |
| ... | ... |

**3** Findest du noch weitere Mehrzahlwörter mit **-er**?
Ergänze die Tabelle.

# 3 Mehrzahlwörter ohne Veränderung kennenlernen

  **1**

Ich zaubere!
Aus **der** Esel wird
**die** Esel.

 **2** Lege eine Tabelle an. Finde die Paare.
Schreibe das jeweilig passende Einzahl-
und Mehrzahlwort mit Artikel auf.

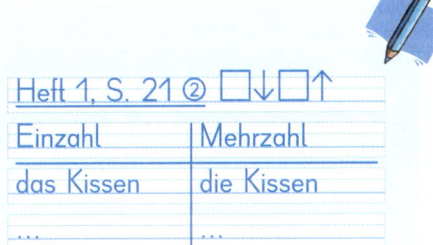

| Heft 1, S. 21 ② □↓□↑ | |
|---|---|
| Einzahl | Mehrzahl |
| das Kissen | die Kissen |
| ... | ... |

| | |
|---|---|
| das Kissen | die Teller |
| der Teller | die Kissen |
| der Beutel | die Dackel |
| das Fenster | die Ferkel |
| der Dackel | die Beutel |
| das Ferkel | die Fenster |

Beide sind
gleich.

 **3** Suche dir ein Partnerkind. Findet ihr noch weitere Mehrzahlwörter
ohne Veränderung? Ergänzt die Tabelle.

**1** Suche sechs Nomen in der Einzahl heraus.
Zeichne sie oder schreibe einen passenden Satz
mit den Nomen.

Heft 1, S. 22 ①

| die Blätter | die Eule |

| die Wolken | die Gabel | das Messer | die Straßen |

| die Schere | die Telefone | der Fisch |

| die Puppe | die Pflanzen | das Flugzeug | die Vögel |

| die Worte | der Löffel |

**2** Suche bei **1** alle Kärtchen
mit Nomen in der Mehrzahl.

Heft 1, S. 22 ② ☐↓☐↑

| Mehrzahl | Einzahl |
| --- | --- |
| die Blätter | das Blatt |
| ... | ... |

**a)** Trage die Nomen in eine Tabelle ein.
Unterstreiche die Mehrzahlendung.

**b)** Ergänze die Nomen in der Einzahl.

**3**

Wer macht mit?

**1**

**Verben** sagen, was Menschen, Tiere, Pflanzen und Dinge tun:
essen, schlafen, trinken, wachsen.
Verben schreibe ich klein.

**2** Finde zu jedem Bild das passende Verb.
Schreibe das Verb auf.

Heft 1, S. 23 ②
a) essen, b) ...

a)

b)

c)

d)

e)

f)

| trinken | schlafen | schneiden |
| --- | --- | --- |

| essen | malen | lesen |
| --- | --- | --- |

**3**

essen

# 4 Verben zusammensetzen und erkennen

**1** Was tun die Tiere?
Ordne das passende Verb zu.
Setze die Silben zusammen.

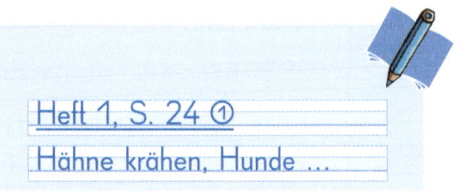

Heft 1, S. 24 ①
Hähne krähen, Hunde ...

| Hähne | Hunde | Enten | Mäuse | Vögel | Frösche |
|-------|-------|-------|-------|-------|---------|

| krä | bel | schnat | | zwit | piep | qua |
|-----|-----|--------|--|------|------|-----|
| len | tern | hen | | ken | schern | sen |

**2** Bilde sinnvolle Sätze.
Schreibe die Sätze auf.
Unterstreiche in jedem Satz das Verb.

Heft 1, S. 24 ②
Die Ente schnattert auf ...

| Die Ente | piepst vor Angst. |
|----------|-------------------|
| Der Hund | schnattert auf der Wiese. |
| Die Maus | bellt den Briefträger an. |
| Der Vogel | quakt und quakt. |
| Der Hahn | zwitschert hoch im Baum. |
| Der Frosch | kräht kikeriki. |

# 4 Nomen und Verben erkennen

**1** Welche Wörter in den Rahmen sind Nomen, welche Wörter sind Verben?
Überlege gemeinsam mit einem Partnerkind.
Nutzt die Erklärungen von Mia, Paul und Linh.

| BESEN KEHREN | HOSE BÜGELN |

| LAPPEN PUTZEN | BRATEN PFANNE |

| BACKEN KUCHEN | HERD KOCHEN |

| BEZIEHEN BETT |

**2** Schreibt die Wörter auf Wortkarten.
Ordnet sie nach Nomen und Verben.
Gestaltet damit ein Plakat.

**1** Verben verändern sich, je nachdem, wer handelt:
Das Mädchen singt. Ich singe. Du singst.

Ich faulenze gern.

 baden

 naschen

 spielen

 bauen

 kochen

lalala

 singen

 malen

 schreiben

 rennen

 schwimmen

 telefonieren

**2** Was machst du gern?
Schreibe drei Sätze auf.
Unterstreiche die Verb-Endung.

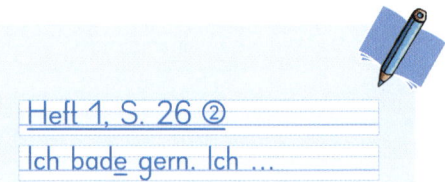
Heft 1, S. 26 ②
Ich bade gern. Ich …

**3** Was machst du nicht gern?
Schreibe drei Sätze auf.
Unterstreiche die Verb-Endung.

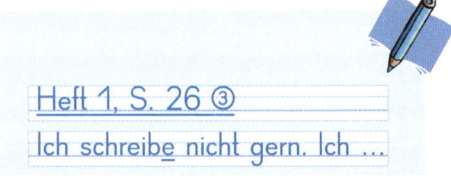
Heft 1, S. 26 ③
Ich schreibe nicht gern. Ich …

**4** Suche dir weitere Verben aus.
Schreibe die Verben in der Ich-Form
und in der Du-Form auf.

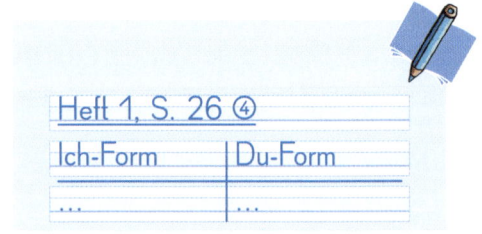
Heft 1, S. 26 ④

| Ich-Form | Du-Form |
|----------|---------|
| … | … |

# 4 Verben in der Er-Form und Sie-Form bilden

**1** Tim bereitet zusammen mit Oma
einen Nudelauflauf zu.
Ergänze die richtige Verbform.
Schreibe den Text auf.

| kochen | Tim ___ Nudeln. |

| gießen | Oma ___ das Wasser durch das Sieb. |

| füllen | Er ___ die Nudeln in eine Form. |

| schneiden | Sie ___ die Pilze. |

| mischen | Er ___ die Nudeln und die Pilze. |

| reiben | Sie ___ den Käse über die Nudeln. |

| schieben | Er ___ die Form in den Ofen. |

**2** Lisa beschreibt, wie sie einen Apfelkuchen backt.
Schreibe in der Sie-Form auf, was Lisa tut.

Ich verrühre Eier, Butter und Zucker.

Ich siebe Mehl in die Schüssel.

Ich knete den Teig.

Ich rolle den Teig aus.

Ich schneide die Äpfel.

Ich lege die Apfelstücke auf den Teig.

Ich schiebe den Kuchen in den Ofen.

→ AH Seite 25, 28

①

Wir tanzen zusammen.
Wir spielen zusammen.
Wir lernen zusammen.
Wir bauen zusammen
ein Baumhaus.

Das haben wir uns gemerkt:
Ihr tanzt zusammen.
Ihr …

② Schreibe einige Sätze von ①
in der Wir-Form und in der Ihr-Form auf.
Unterstreiche die Verb-Endung.

Heft 1, S. 28 ②
Wir tanzen zusammen –
ihr tanzt zusammen.
Wir …

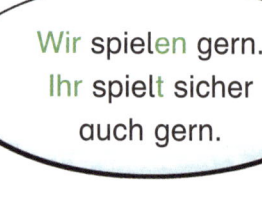

Wir spielen gern.
Ihr spielt sicher
auch gern.

# 4 Unterschiedliche Verbformen bilden

 **1** Erstelle mit einem Partnerkind ein Plakat
mit den unterschiedlichen Verbformen.

| trinken | liegen | gehen |
|---------|--------|-------|
| ich trinke | ich liege | |
| du trinkst | du | |
| er trinkt | er | |
| wir trinken | | |
| ihr trinkt | | |
| sie trinken | | |

 **2**

 ich  spielen

 du  turnen

 er, sie  bauen

 wir  singen

 ihr  malen

 sie  hüpfen

Wir spielen.

**1**

Adjektive sagen, wie etwas ist:
nass, rund, lang.
Adjektive schreibe ich klein.

Lola ist lustig.

**2** Suche zu jedem Bild das passende Adjektiv.
Schreibe Sätze. Unterstreiche die Adjektive.

| nass | rund | lang | grün | kaputt |

| schief | schmutzig | scharf | gelb |

Heft 1, S. 30 ②
a) Das Blatt ist grün.
b) Der Ball ist ...

a)

b)

c)

d)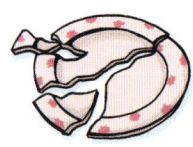

e)

f)

g)

h)

i)

**3** Finde weitere Nomen und passende Adjektive.
Bilde Sätze. Unterstreiche die Adjektive.

Heft 1, S. 30 ③
...

# 5 Mit Adjektiven beschreiben

**1** Betrachte das Bild.
Ordne den Nomen passende Adjektive zu.
Schreibe Sätze. Unterstreiche die Adjektive.

Heft 1, S. 31 ①
Die Tasche ist braun. …

| | |
|---|---|
| Tasche | Haare |
| rot | blau |
| Pullover | Augen |
| braun | schwarz |
| Hose | Knöpfe |
| grau | lockig |
| Mantel | Stiefel |
| grün | rund |

 **2**

Er trägt eine blaue Hose, einen roten Pulli. Seine Haare sind blond.

Das ist Jan.

# 5 Rätsel lösen und erfinden

**1** Lies die Rätsel.
Schreibe die Lösung auf.

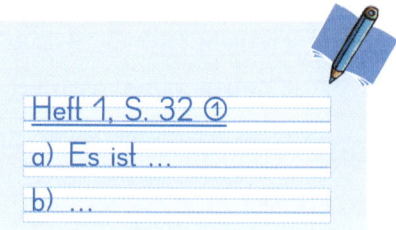

Heft 1, S. 32 ①
a) Es ist ...
b) ...

a)

Es ist lang,

es ist spitz,

man schreibt damit.

Es ist ...

b)

Es ist rund,

es ist hohl,

es kann hüpfen.

Es ist ...

**2** Schreibe selbst ein Rätsel.
Wähle dazu aus den Bildern ein Nomen aus.
Beschreibe das Nomen mit passenden Adjektiven.
Unterstreiche die Adjektive.

Heft 1, S. 32 ②
Es ist ...

 **3**

# 5. Gegensatzpaare finden

**1** Finde die Gegensatzpaare.
Schreibe sie in einer Tabelle auf.

| voll | süß | klein | gesund |

| arm | dick | reich | leer |

| falsch | viel | krank | sauer |

| dünn | richtig | groß | wenig |

Heft 1, S. 33 ① ☐↓☐↑

| Gegensatzpaare ||
|---|---|
| voll | leer |
| ... | ... |

**2** Schreibe die Gegensatzpaare auf.

a) Zucker ist nicht sauer, sondern ☐ .

b) Wasser ist nicht trocken, sondern ☐ .

c) Feuer ist nicht kalt, sondern ☐ .

d) Federn sind nicht schwer, sondern ☐ .

e) Licht ist nicht dunkel, sondern ☐ .

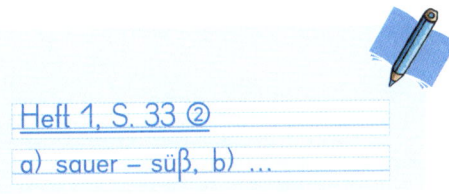

Heft 1, S. 33 ②
a) sauer – süß, b) ...

**3** Wähle mindestens ein Adjektiv aus.
Bilde das Gegensatz-Adjektiv.
Schreibe einen Satz wie in ②.

| klug | schmutzig | hart | stumpf |

Heft 1, S. 33 ③
...

Lola ist nicht dumm, sondern klug.

# 5 Adjektive anpassen

**1** Ordne jedem Bild das passende Adjektiv zu.
Schreibe Sätze.
Unterstreiche die Adjektive.

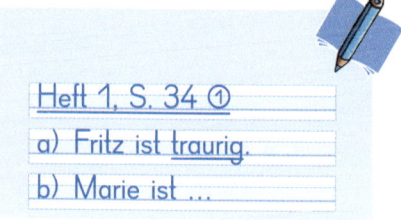
Heft 1, S. 34 ①
a) Fritz ist traurig.
b) Marie ist …

| lustig | krank | schwach |

| traurig | wütend | stark |

a)
Fritz

b)
Marie

c)
Franz

d)
Greta

e)
Helene

f)
Eugen

**2** Schreibe die Adjektive aus **1** vor die Nomen.
Unterstreiche die Adjektive.

Heft 1, S. 34 ②
a) der traurige Fritz,
b) …

  **3**

Max ist fleißig.

der fleißige Max

# 6 Oberbegriffe kennenlernen

**1**

Für Nomen, die zusammengehören, gibt es einen **Oberbegriff**:
Ball, Puppe, Teddy sind **Spielzeug**.
Hammer, Säge, Bohrer sind **Werkzeug**.

**2**  Ordne die Gegenstände in einer Tabelle den Oberbegriffen **Spielzeug** und **Werkzeug** zu.

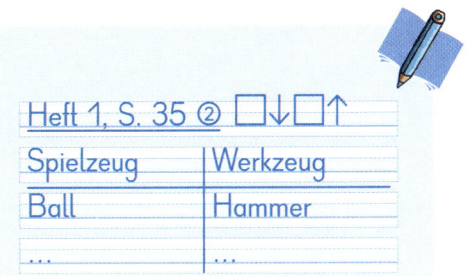

Heft 1, S. 35 ②  □↓□↑

| Spielzeug | Werkzeug |
|-----------|----------|
| Ball | Hammer |
| ... | ... |

Hammer

Ball

Zange

Puppe

Säge

Bohrer

Piratenschiff

Teddy

Schere

Eisenbahn

**3** Bestimme selbst einen Oberbegriff und finde möglichst viele passende Nomen dazu.
Beispiele:

Heft 1, S. 35 ③

...

**Fahrzeug**   **Gebäude**   **Lebensmittel**   **...**

**1** Finde in jeder Zeile das Nomen, das nicht zum Oberbegriff passt.

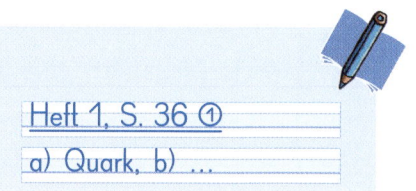

Heft 1, S. 36 ①
a) Quark, b) ...

a)  **Wurst** — Salami | Wiener | Quark | Leberwurst

b) **Backwaren** — Brot | Pudding | Brezel | Kuchen

c) **Milchprodukte** — Jogurt | Käse | Salat | Quark

d) **Nachtisch** — Pudding | Eis | Spinat | Obstsalat

**2** Finde zu den Nomen den passenden Oberbegriff.

Heft 1, S. 36 ②
a) Musikinstrument, b) ...

a) Cello | Geige | Klavier | Trommel

b) Hose | Hemd | Bluse | Pullover

c) Meerschweinchen | Katze | Hund | Hamster

d) Auto | Bus | Traktor | Lastwagen

**3** Überlege, nach welchen Oberbegriffen du die Nomen sortieren kannst. Vergleiche mit einem Partnerkind. Besprecht eure Vorgehensweise.

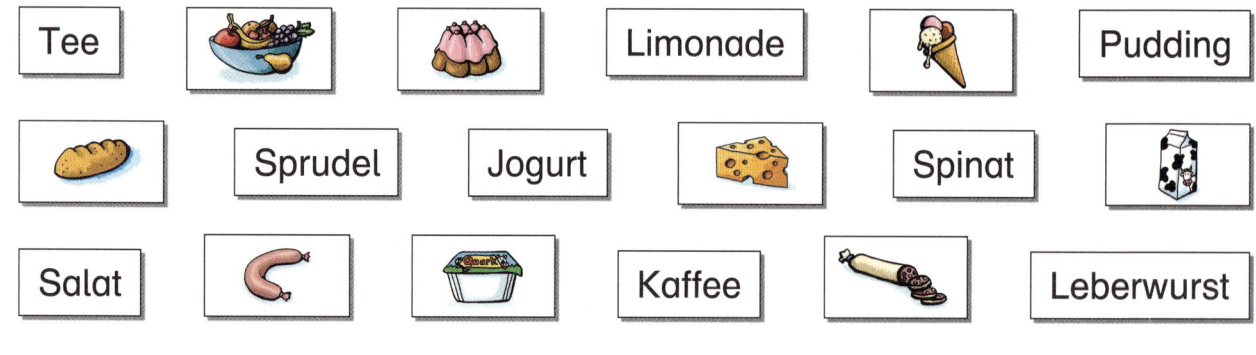

Tee | | | Limonade | | Pudding

| Sprudel | Jogurt | | Spinat |

Salat | | | Kaffee | | Leberwurst

# 6. Wortfelder kennenlernen

**1**

Wörter mit einer ähnlichen Bedeutung bilden ein **Wortfeld**:
sagen, flüstern, erzählen gehören zum Wortfeld sprechen.

**2** Ordne die Verben dem Wortfeld **sprechen**
oder dem Wortfeld **sehen** zu.

| schauen | betrachten | rufen |

| erzählen | blicken | flüstern |

| beobachten | brüllen | sagen | gucken | reden |

| **Wortfeld sprechen** | **Wortfeld sehen** |

| Heft 1, S. 37 ②, ③ ☐↓☐↑ |
|---|---|
| Wortfelder | |
| sprechen | sehen |
| rufen | schauen |
| … | … |

**3** Lies den Text.
Finde Verben aus den Wortfeldern **sprechen** und **sehen**.
Ergänze die Tabelle von **2**.

Tim und Lisa entdecken auf dem Gehweg
einen großen schwarzen Käfer.
Sie betrachten ihn genau und beobachten,
wie er schnell in Richtung Straße krabbelt.
„Halt, pass auf!", ruft Lisa, als ein anderes Kind
sich nähert. „Wir müssen ihn retten", sagt Tim.
Er nimmt den Käfer vorsichtig auf die Hand und
trägt ihn auf die Wiese. Zu Hause erzählen
die beiden von ihrem Erlebnis. Die Mutter lobt:
„Das habt ihr gut gemacht."

Es verstecken sich
4 Verben zum Wortfeld sprechen und
3 Verben zum Wortfeld sehen.

**1** In jeder Zeile passt ein Verb nicht zum Wortfeld.
Finde dieses Verb und schreibe es auf.

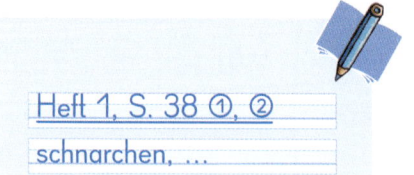

Heft 1, S. 38 ①, ②

schnarchen, ...

| Wortfeld **essen** | schmatzen | kauen | schnarchen | schlürfen |

| Wortfeld **musizieren** | flöten | träumen | trommeln | singen |

| Wortfeld **malen** | dösen | zeichnen | färben | anstreichen |

| Wortfeld **streiten** | zanken | kämpfen | raufen | schlummern |

**2** Ergänze im Hefteintrag zu **1**, zu welchem Wortfeld
die gefundenen Verben gehören.

 **3**

# 6. Verben eines Wortfeldes untersuchen

**1**

**2** Wähle die passenden Verben aus und ordne zu.
Achtung: Zwei Kärtchen passen nicht.

a) durch die Landschaft **gehen**

b) ungleichmäßig **gehen**

c) schnell **gehen**

d) leise **gehen**

Heft 1, S. 39 ②
a) wandern, spazieren
b) ...

| wandern, spazieren | trampeln, stampfen |

| schleichen, huschen | rennen, sausen |

| springen, humpeln | schlendern, bummeln |

**3** Finde selbst Beschreibungen für
die übrig gebliebenen Kärtchen aus **2**.

Heft 1, S. 39 ③
...

 **4** Gestalte zusammen mit einem Partnerkind
zu einem anderen Verb ein Plakat wie in **1**.

**1** **Zusammengesetzte Nomen** beschreiben Dinge genauer:
Ball – Fußball, Kuchen – Apfelkuchen.
Zusammengesetzte Nomen schreibe ich nur
am Wortanfang groß.

**2** Schreibe die zusammengesetzten Nomen auf.
Unterstreiche die großen Anfangsbuchstaben.

Heft 1, S. 40 ②
Kuchenteller, ...

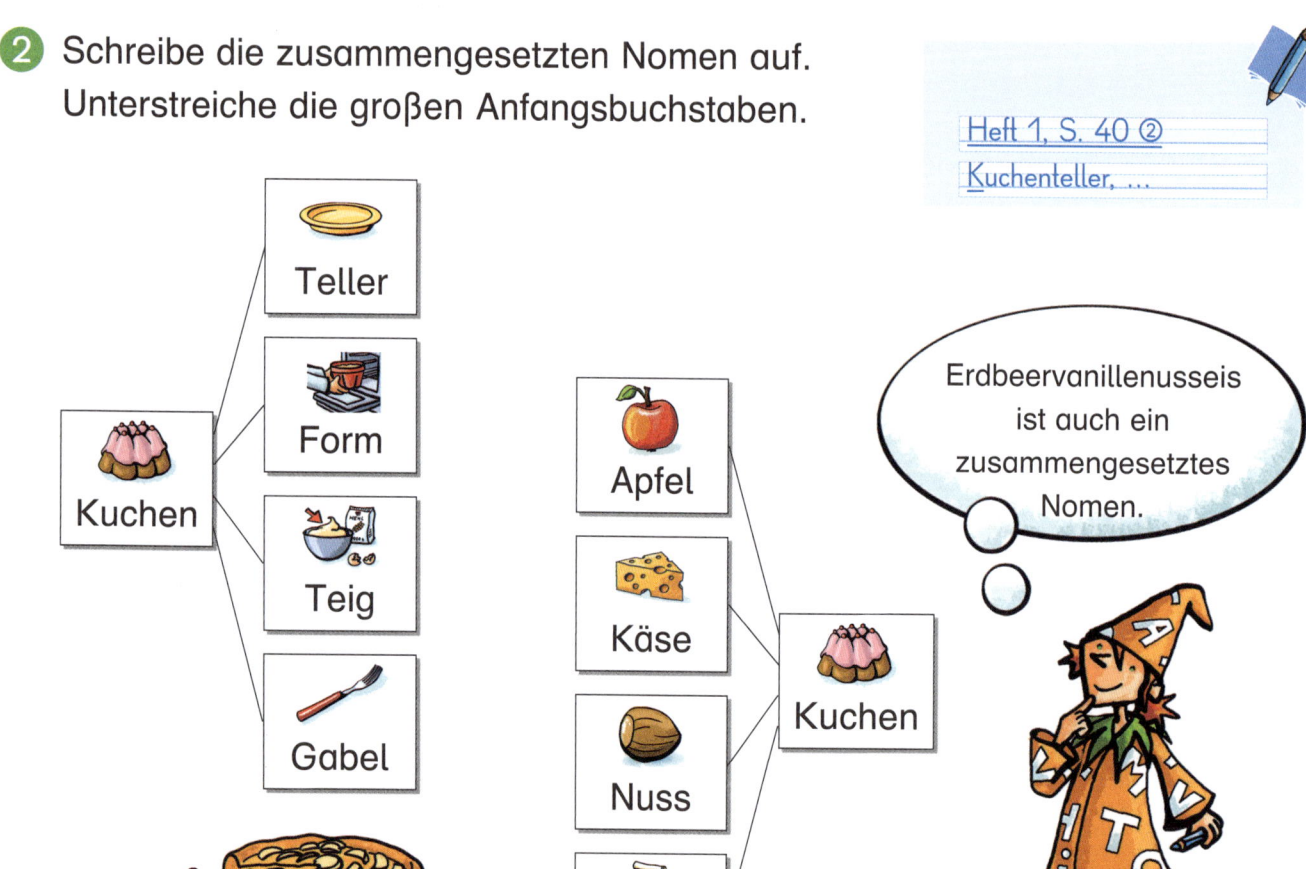

Erdbeervanillenusseis
ist auch ein
zusammengesetztes
Nomen.

**3** Finde eigene zusammengesetzte Nomen

a) mit **Brot** und **Suppe**,

b) mit selbst gefundenen Nomen.

Heft 1, S. 40 ③
a) Brot: Butterbrot, Vollkornbrot ...
   Suppe: ...
b) ...

# 7 Zusammengesetzte Nomen trennen

**1** Schreibe das Nomen auf,
das näher beschrieben wird.

Heft 1, S. 41 ①
a) der Tropfen
   das Wasser
   ...
b) ...

a) der Regentropfen

das Regenwasser

der Regenschirm

b) die Windmühle

das Windrad

die Windjacke

c) die Schneeflocke

der Schneeball

der Schneeanzug

d) der Hausschlüssel

der Fahrradschlüssel

der Kellerschlüssel

**2** Betrachte die Artikel der Nomen, die näher beschrieben werden,
und die Artikel der zusammengesetzten Nomen.
Besprich deine Entdeckungen mit einem Partnerkind.

 **3**

der Federball

die Feder,
der Ball

# 7 Vorsilben ver- und vor- kennenlernen

**1**

**Vorsilben** sind Wortbausteine.
Vorsilben verändern die Bedeutung von Wörtern:
schreiben, **ver**schreiben, **vor**schreiben.

Ich bin
witzig und vorwitzig,
laut und vorlaut,
lieb und verliebt.

**2** Lies abwechselnd mit einem Partnerkind.
Ergänzt beim Lesen die Verben mit
den Vorsilben **ver-** und **vor-**.

sich im Heft ✦✦✦-schreiben

jemandem etwas ✦✦✦-schreiben

jemanden ✦✦✦-lassen

das Haus ✦✦✦-lassen

die Stimme ✦✦✦-stellen

die Freundin ✦✦✦-stellen

ein Gedicht ✦✦✦-sprechen

einem Freund etwas ✦✦✦-sprechen

sich nach einem Streit ✦✦✦-tragen

ein Lied ✦✦✦-tragen

sich im Wald ✦✦✦-laufen

zur Tafel ✦✦✦-laufen

**3** Lege eine Tabelle an.
Trage die Verben aus **2** ein.

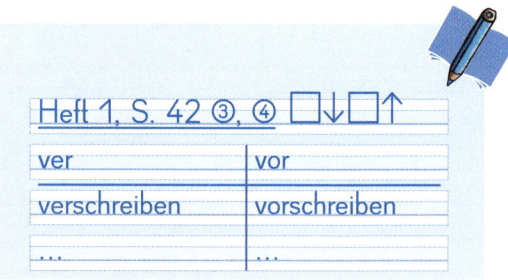

**4** Finde weitere Verben mit den Vorsilben
**ver-** und **vor-**. Ergänze die Tabelle von **3**.

# 7 Vorsilben ein- und aus- kennenlernen

**1** Setze passende Verben mit
den Vorsilben **ein-** und **aus-** ein.

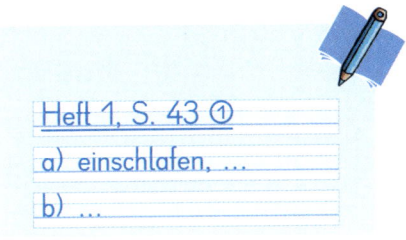
Heft 1, S. 43 ①
a) einschlafen, ...
b) ...

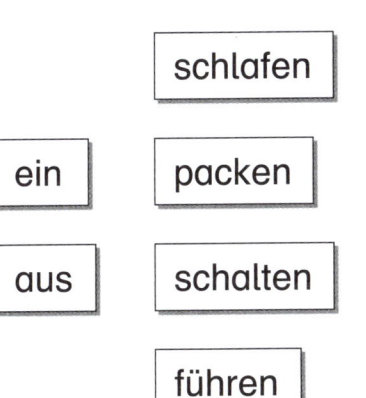

| schlafen |
|---|

ein   packen

aus   schalten

führen

a) Manchmal kann ich am Abend nicht    .

Dann möchte ich am nächsten Morgen    .

b) Vor der Sendung werde ich den Fernseher    .

Nach der Sendung muss ich ihn    .

c) Vor der Abreise müssen wir unsere Sachen    .

Nach dem Urlaub werden wir sie wieder    .

d) Wir wollen feste Regeln    .

Deshalb muss ich Imo jeden Morgen um 7 Uhr    .

**2** Bilde zu den Vorsilben **be-**, **zer-**, **über-**
je zwei zusammengesetzte Verben.

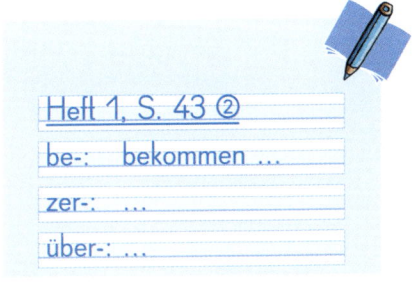
Heft 1, S. 43 ②
be-:   bekommen ...
zer-:   ...
über-: ...

kommen   reißen   legen

teilen   grüßen   holen

**1**

In einem **Aussagesatz** erfahre ich etwas.
Den Satzanfang schreibe ich immer **groß**.
Am Satzende mache ich einen **Punkt**.
Tim baut eine Sandburg.

Satzanfänge und Nomen
schreibe ich groß.

**2** Bilde Aussagesätze. Denke an
den großen Buchstaben am Satzanfang
und den Punkt am Satzende.

Heft 1, S. 44 ②
Tim baut eine Sandburg.
Seine ...

| eine Sandburg | Tim | baut |

| ihm | seine kleine Schwester | hilft |

| legt | Papa | auf den Grill | die Würstchen |

| die Zeitung | liest | Mama |

| genießen | den Sommertag | alle |

# 8 Satztreppen lesen und schreiben

**1** Lies die Satztreppen abwechselnd mit einem Partnerkind.

a) Tim liest.

Tim liest abends.

Tim liest abends mit der Taschenlampe.

Tim liest abends mit der Taschenlampe unter der Bettdecke.

b) Lisa erzählt.

Lisa erzählt im Bett.

Lisa erzählt im Bett ihrer Schwester.

Lisa erzählt im Bett ihrer Schwester von ihren Erlebnissen.

**2** Setze Satztreppen zusammen.
Setze an jedem Satzende einen Punkt.

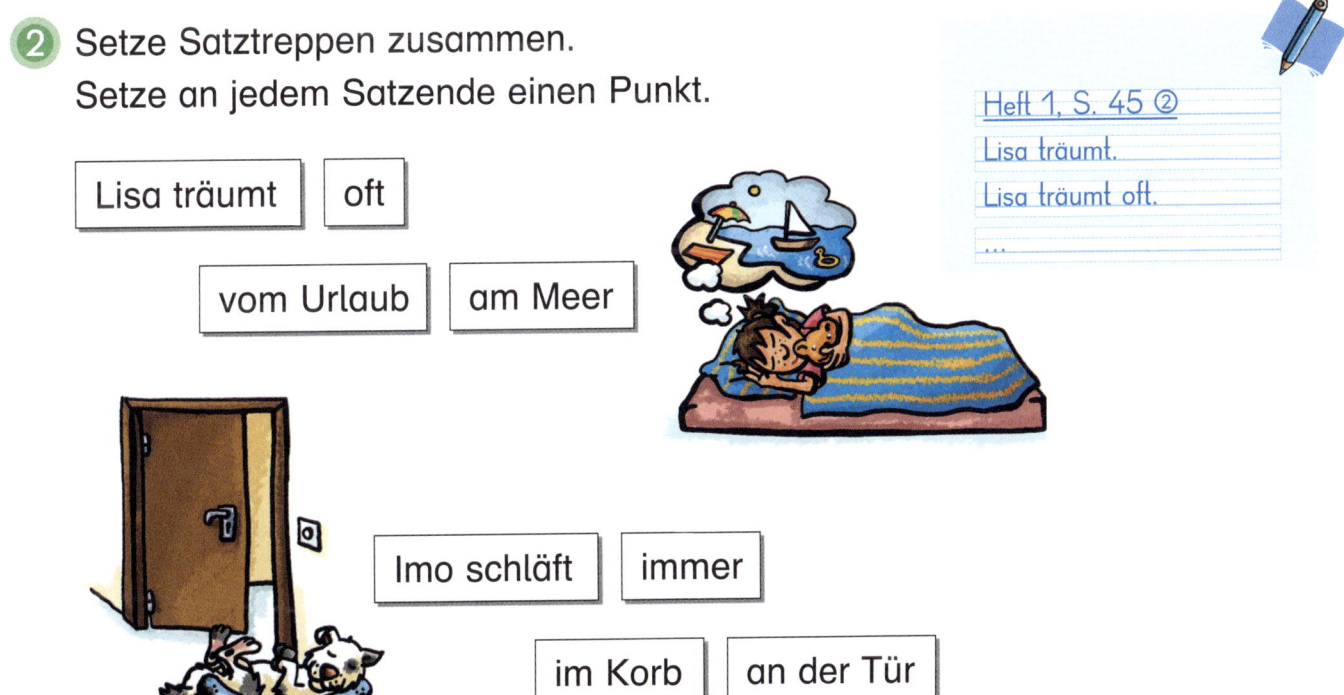

| Lisa träumt | oft |
| --- | --- |

| vom Urlaub | am Meer |

| Imo schläft | immer |

| im Korb | an der Tür |

Heft 1, S. 45 ②
Lisa träumt.
Lisa träumt oft.
...

**3** Denke dir eine Satztreppe aus.

Heft 1, S. 45 ③
...

# 8. Fragesätze kennenlernen

**1** Ein Satz, mit dem man etwas fragt, heißt **Fragesatz**. Danach steht ein **Fragezeichen**.
Wie alt sind Sie? Wo wohnst du?

> Wenn du mit deiner Lehrerin sprichst, verwendest du die Höflichkeitsform Sie.

**2** Lisa stellt ihrer Lehrerin Fragen für einen Beitrag in der Schülerzeitung. Ordne Frage- und Antwortsätze passend zu.

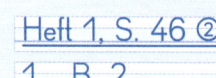

Heft 1, S. 46 ②
1 – B, 2 – …

1 Wie alt sind Sie?

A Ja, ich habe zwei Söhne.

2 Wo wohnen Sie?

B Ich bin 45 Jahre alt.

3 Haben Sie Kinder?

C Ich wohne in einem alten Bauernhaus.

4 Was machen Sie in Ihrer Freizeit am liebsten?

D Meine Ferien verbringe ich gerne am Meer.

5 Wohin fahren Sie in den Urlaub?

E Am liebsten gehe ich tanzen oder treibe Sport.

**3** Stelle selbst Fragen für ein Interview zusammen. Wähle eine Person, zum Beispiel den Hausmeister, eine Nachbarin …

Heft 1, S. 46 ③
…

# 8 Punkte und Fragezeichen ergänzen

**1** Punkt oder Fragezeichen?
Schreibe das passende Satzzeichen auf.

Heft 1, S. 47 ①
a) ?    b) ...

**a)** In welcher Jahreszeit
kann man
Schlitten fahren

**b)** Was ist Schnee

**c)** Schnee ist Wasser,
das zu Eiskristallen
gefroren ist

**d)** Kommt bei einem Gewitter
zuerst der Donner
oder der Blitz

**e)** Zuerst blitzt es,
dann folgt der Donner

**f)** Im Winter kann man
Schlitten fahren

**g)** Wann entsteht
ein Regenbogen

**h)** Woher kommen
Wärme und Licht
auf der Erde

**i)** Die Strahlen der Sonne
erwärmen und erhellen
die Erde

**j)** Ein Regenbogen entsteht,
wenn es regnet und gleichzeitig
die Sonne scheint

**2** Schreibe drei Fragesätze aus **1** in dein Heft.
Ergänze passende Antwortsätze.

Heft 1, S. 47 ②
...

# 8. Ausrufesätze kennenlernen

**1** In einem **Ausrufesatz** wird etwas ausgerufen.
Danach steht ein **Ausrufezeichen**.
Achtung, ein Radfahrer! Hurra, endlich Ferien!

**2** Ordne die passenden Ausrufesätze
den Bildern zu.

Heft 1, S. 48 ②
A – 6, B – …

A Hurra, endlich Ferien!    B Mmh, schmeckt das lecker!

C Achtung, ein Radfahrer!    D Kommt, wir kaufen Eis!

E Gute Reise, Frau Riedel!    F Toll, keine Hausaufgaben!

**3** Finde gemeinsam mit einem Partnerkind
weitere Beispiele für Ausrufesätze.
Die Ausrufe können gute oder schlechte Gefühle ausdrücken,
vor Gefahren warnen oder Verbote mitteilen.

# 8 Ausrufesätze bilden

**1** Ordne die Stichworte den Schildern zu.
Schreibe passende Ausrufesätze.

| Handys | Inliner | Feuer |
| Schuhe | Wasser | Eis |

| benutzen | trinken | fahren |
| anzünden | tragen | essen |

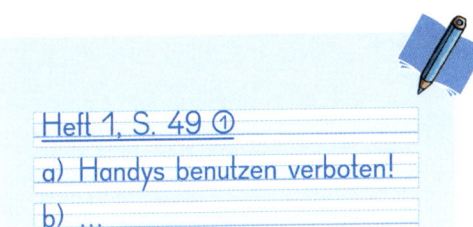

Heft 1, S. 49 ①
a) Handys benutzen verboten!
b) ...

a)
b)

c)
d)

e)
f)

> Lola
> ärgern ist auch
> verboten!

**2** Schreibe passende Verbote.

a)
b)

Heft 1, S. 49 ②
a) ...
b) ...

**3** Male selbst Schilder und
schreibe Verbote dazu auf.

Heft 1, S. 49 ③
...

**1** Punkt, Fragezeichen oder Ausrufezeichen?
Schreibe das passende Satzzeichen auf.

Heft 1, S. 50 ①
a) .  b) ...

a) Lisa ist mit ihren Freundinnen im Schwimmbad

b) Anne ruft: „Los, wir springen vom Dreimeterbrett

c) Bist du schon mal gesprungen  "

d) Lisa zittert und läuft langsam zur Treppe

e) Sie klettert als Letzte hinauf

f) Alle rufen aufgeregt durcheinander:

g) „Wer springt zuerst  "

h) „Lisa, hast du etwa Angst  "

i) „Du bist ein Feigling  "

j) „Los, spring schon  "

k) Lisas Herz klopft wie verrückt

l) Sie springt   Als sie auftaucht, sieht sie,

m) dass die anderen wieder heruntergeklettert sind

n) Sie ruft: „Selber Feiglinge  "

o) Aber sie lacht dabei

# 9 Wörter aus verschiedenen Sprachen untersuchen

**1** In unserer Sprache verwenden wir viele englische und französische Wörter.

a) Ordne englische Wörter und deutsche Bedeutungen zu.

| airport | team |
| party | flyer |

| Feier | Flughafen |
| Handzettel | Mannschaft |

b) Ordne französische Wörter und deutsche Bedeutungen zu.

| parcours | madame |
| étage | dessert |

| Nachspeise | Rundweg |
| Frau | Stockwerk |

**2** Betrachte die Tabelle. Finde Unterschiede der Sprachen. Besprich deine Entdeckungen mit einem Partnerkind.

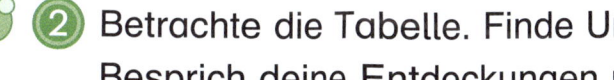

| Deutsch | Englisch | Französisch |
| --- | --- | --- |
| die Rose | the rose | la rose |
| der Film | the film | le film |
| das Restaurant | the restaurant | le restaurant |

# 9 Wörter aus verschiedenen Dialekten untersuchen

**1** Verstehst du die Dialekte?
Ordne zu.

<u>Heft 1, S. 52 ①</u>
a) A – 3, ...
b) ...
c) ...

a) **Berliner Dialekt:**

| A Bolle | 1 Brötchen |

| B Schrippe | 2 Flasche |

| C Pulle | 3 Zwiebel |

b) **Hamburger Dialekt:**

| A Deern | 1 Gespräch |

| B Schnack | 2 Flasche |

| C Buddel | 3 Mädchen |

c) **Bairischer Dialekt:**

| A Bub | 1 Fahrrad |

| B Semmel | 2 Junge |

| C Radl | 3 Brötchen |

**2** Suche dir ein Partnerkind:
Sammelt Wörter aus eurem Dialekt.
Ergänzt das hochdeutsche Wort.

# 9 Wörter mit zwei Bedeutungen kennenlernen

 **1** Teekesselwörter haben unterschiedliche Bedeutungen.
Finde mit einem Partnerkind zu jedem Wort die beiden Bilder.

| Hahn | Schloss | Löwenzahn | Blatt |
|------|---------|-----------|-------|

**2**

# 9 Andere Schriftzeichen kennenlernen

**1** Betrachte die Tafel mit den arabischen Schriftzeichen.

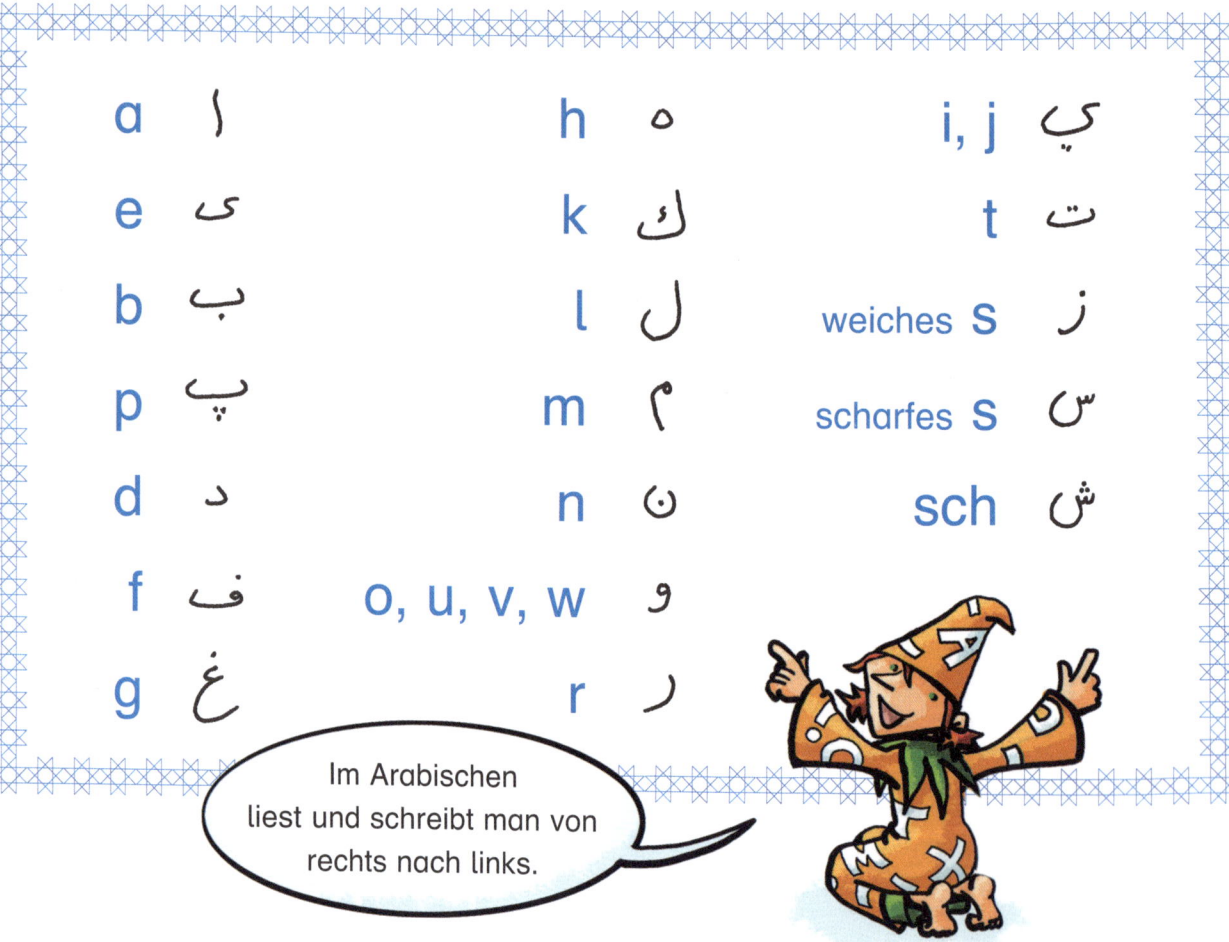

| | | | | | |
|---|---|---|---|---|---|
| a | ا | h | ه | i, j | ي |
| e | ى | k | ك | t | ت |
| b | ب | l | ل | weiches s | ز |
| p | پ | m | م | scharfes s | س |
| d | د | n | ن | sch | ش |
| f | ف | o, u, v, w | و | | |
| g | غ | r | ر | | |

Im Arabischen liest und schreibt man von rechts nach links.

  **2**

Da steht „Tina".

# 9 Geheimschriften entschlüsseln

**1** Entziffere die Geheimschriften.

a) !etieS etztel eid tsi seiD

Heft 1, S. 55 ①
a) Lösung: Dies …
b) Lösung: …
c) Lösung: …

b) D B S E N C L U R U H
U I T I S H A E F C S !

Das bin ich.

L  L
O  A

c)

| A | B | C | D | E | F | G | H | I | J | K | L | M |
|---|---|---|---|---|---|---|---|---|---|---|---|---|
| 1 | 2 | 3 | 4 | 5 | 6 | 7 | 8 | 9 | 10 | 11 | 12 | 13 |

| N | O | P | Q | R | S | T | U | V | W | X | Y | Z |
|---|---|---|---|---|---|---|---|---|---|---|---|---|
| 14 | 15 | 16 | 17 | 18 | 19 | 20 | 21 | 22 | 23 | 24 | 25 | 26 |

4 21   8 1 19 20   5 19
7 5 19 3 8 1 6 6 20 !

 **2**

Themenheft 1
Sprache untersuchen

| | |
|---|---|
| Herausgegeben und erarbeitet von: | Roland Bauer, Jutta Maurach |
| Fachliche Beratung exekutive Funktionen: | Dr. Sabine Kubesch, INSTITUT BILDUNG plus, im Auftrag des ZNL TransferZentrum für Neurowissenschaften und Lernen, Ulm |
| Begutachtung: | Katrin Peter und Bertram (Mühlenbeck), Angelika Borrmann (Rendsburg), Maire Büntemeyer (Syke), Angelika Fischer (Weiterstadt), Claudia Hoeschen (Kappeln), Ines Kewitz (Sinzheim-Kartung), Sybille Maier-Alvarez del Cid (Achern), Julia Schäfer (Gießen) |
| Redaktion: | Sabine Gerber, Elisabeth Wagner |
| Illustration: | Yo Rühmer, Frankfurt am Main |
| Umschlaggestaltung: | Cornelia Gründer, agentur corngreen, Leipzig |
| Layout und technische Umsetzung: | lernsatz.de |

**fex** steht für *Förderung exekutiver Funktionen*. Hierbei werden neueste Erkenntnisse der kognitiven Neurowissenschaft zum spielerischen Training exekutiver Funktionen für die Praxis nutzbar gemacht. **fex** wurde vom **ZNL TransferZentrum für Neurowissenschaften und Lernen** (www.znl-ulm.de) an der Universität Ulm gemeinsam mit der **Wehrfritz GmbH** (www.wehrfritz.com) ins Leben gerufen. Die Cornelsen Schulverlage haben in Kooperation mit dem ZNL ein Konzept für die Förderung exekutiver Funktionen im Unterrichtswerk *Einsterns Schwester* entwickelt.

**www.cornelsen.de**

2. Auflage, 3. Druck 2021

Alle Drucke dieser Auflage sind inhaltlich unverändert und können im Unterricht nebeneinander verwendet werden.

© 2016 Cornelsen Schulverlage GmbH, Berlin
© 2019 Cornelsen Verlag GmbH, Berlin

ISBN 978-3-06-083552-2
ISBN 978-3-06-084243-8 (E-Book)

Dieses Heft ist Bestandteil des Pakets „Einsterns Schwester 2" (ISBN 978-3-06-083551-5) und kann auch einzeln bestellt werden.

 Inhalt gedruckt auf säurefreiem Papier aus nachhaltiger Forstwirtschaft.